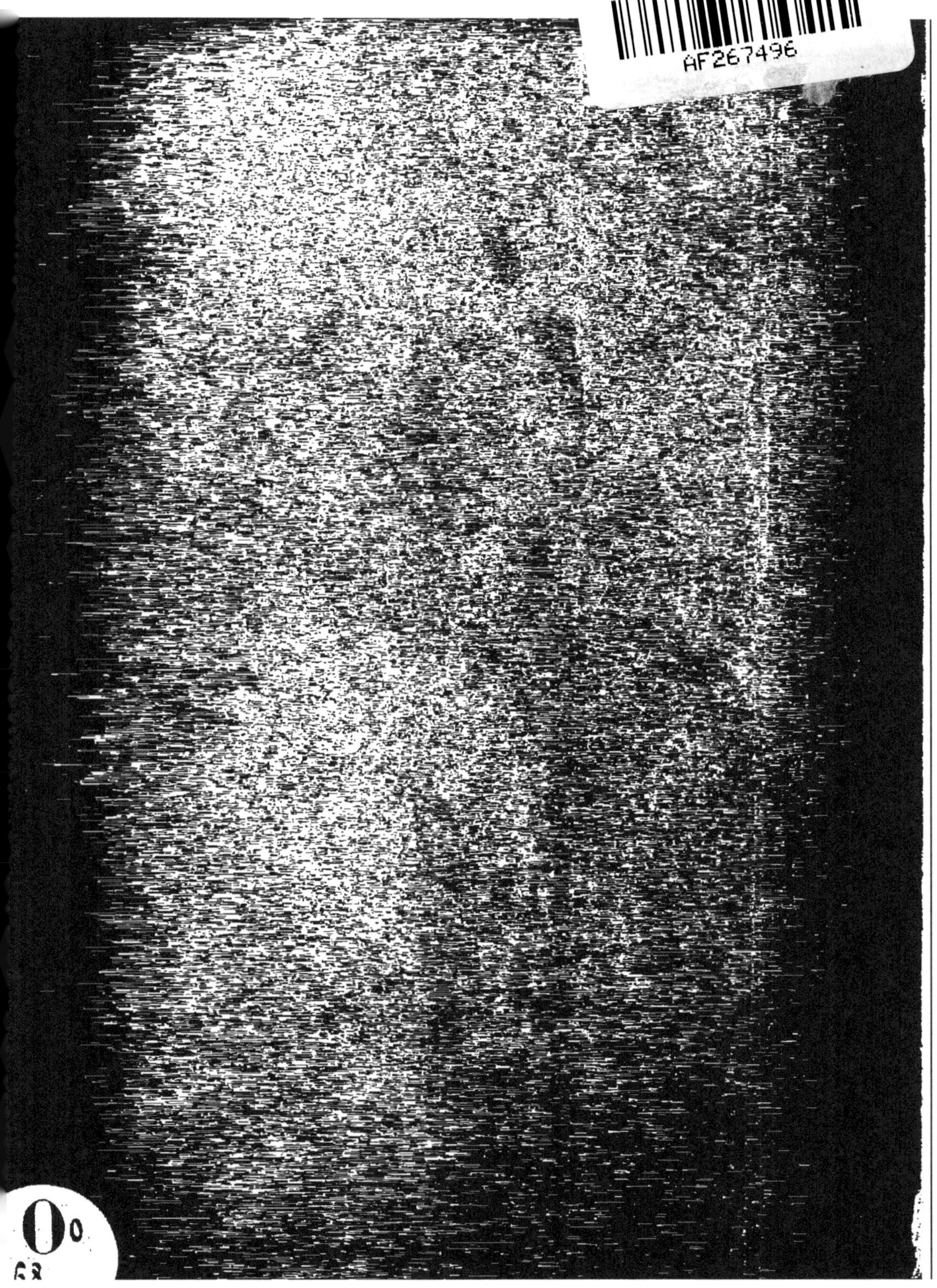

ANDRÈS ALVAREZ CALDERON

Chargé d'affaires du Pérou en Italie.

A. ALVAREZ CALDERON

PAR

HECTOR-F. VARELA

RÉDACTEUR EN CHEF DE « *EL AMERICANO* »

JUIN 1873

HAVRE

IMPRIMERIE F. SANTALLIER ET Cᵉ, BOULEVARD DE STRASBOURG, 162

1873

ANDRÈS ALVAREZ CALDERON

Au milieu des mille courants et des écueils
sans nombre de la vie parisienne, l'homme qui
n'est pas défendu par le « triple airain » du
poëte, court risque de laisser un lambeau de son
cœur ou de sa réputation.

Parmi ceux qui se laissent aller aux séduc-
tions de l'illusion, il y a deux classes de victimes :
les uns, volontairement, livrent leur jeunesse
au gouffre sans fond qui les attire, les autres
subissent, sans les chercher, les ignobles exploi-
tations des maîtres du vice, des pourvoyeurs de
l'infamie.

L'attention publique a été dernièrement fixée
sur une de ces dernières victimes, qui, désignée
d'abord au scandale par la malignité, puis assié-
gée par les trafiquants de vice, a pu, cependant,
déjouer la calomnie et mérite d'être défendue
par tous les honnêtes gens indignés.

Défenseurs de la vérité et de la justice (et
Américains avant tout), nous croirions commettre
une lâcheté insigne, si, par crainte ou pruderie,
nous hésitions à prendre énergiquement en main,
avec une franchise virile, la cause d'un compatriote, d'un citoyen que le mensonge, la calomnie
et l'exploitation ont voulu accabler sous le poids
d'une de ces accusations qui font en même temps
le malheur d'un homme et celui d'une famille.

Laissons donc de côté toute hésitation, toute réticence, et abordons la question telle qu'elle est.

Un journal de Paris annonçait, il y a quelques jours, qu'un riche Américain se trouvait compromis dans une affaire plus scandaleuse encore que celle de la *rue de Suresnes*.

Cette nouvelle, reproduite naturellement par plusieurs autres organes de publicité, causa une certaine sensation dans la haute société française et dans la colonie américaine, jalouse, à juste titre, de sa bonne renommée.

Mais, immédiatement informés de la vérité, plusieurs de ces journaux rectifièrent ce bruit, et déclarèrent franchement « que le lièvre levé n'était pas aussi gros qu'on l'avait fait. » D'autres, avertis à temps du *complot* et de l'intrigue, gardèrent un silence honorable et prudent, et s'empressèrent d'arrêter des articles déjà composés.

De quoi s'agissait-il dans ce scandale ? Qui était l'accusé ?

Avec autant de chagrin que de surprise, nous avions appris que les allusions désignaient un honorable Péruvien, M. Andrès Alvarez Calderon, représentant de son pays près la cour d'Italie.

A partir du moment où le nom de l'accusé fut connu dans le public, personne, absolument personne, nous le disons à sa louange, ne put ajouter foi à ces imputations, et le plus vif intérêt fut au contraire manifesté de tous côtés en sa faveur.

Comment en aurait-il été autrement ?

On juge les hommes, soit dans la vie publique, soit dans la vie privée, d'après leurs habitudes et les antécédents de leurs mœurs.

Qui était Caldéron ?

Homme d'intelligence, d'initiative et de travail, il a su constituer sa fortune sans avoir, pour l'édifier, fait couler une seule larme, sans avoir causé dommage à personne, et sans avoir senti dans sa conscience un seul de ces remords qui obscurcissent les esprits et brisent les âmes les mieux trempées.

Comme père de famille, nous n'en connaissons pas de meilleur, de plus digne, de plus affectueux. Il est, d'après tous ceux qui l'ont connu dans son pays, aussi bien qu'en Europe, un de ces hommes qui placent leur principal bonheur dans les joies intimes et sincères du foyer domestique.

Père de plusieurs fils, — dont la mère vécut entourée de respect et d'affection — M. Calderon sut leur donner une éducation qui lui permit de les faire figurer avec honneur parmi l'élite des sociétés d'Europe. Il prouva ainsi qu'il n'est pas nécessaire de naître sur les bords de la Seine, à Londres, à Vienne ou à St-Pétersbourg, pour prendre un rang honorable dans le monde par la vertu, la bonté, l'intelligence, l'illustration et tout ce qui fait d'un fils,— comme disait la mère des Gracques, — *la plus belle parure de ses parents.*

Qui serait plus charitable et plus sensible aux misères d'autrui que notre compatriote, que l'on prétendait rendre victime d'une intrigue si infâme ?

Dans sa Patrie, en France, en Italie, partout où lui et sa famille ont passé, on trouve les traces de son grand cœur, de ses sentiments humains, du désir ardent qui toujours le porte à faire de sa fortune un trésor d'amour et de charité pour les malheureux.

Que l'on cherche le nom d'Andrès Alvarez Calderon sur les listes de souscription, de fondation d'églises, d'hôpitaux! Partout il y figure sans bruit ni ostentation.

C'est que chez ce patriote le bien et la vertu auxquels il a toujours rendu hommage, sont l'objet d'un culte sincère.

Il est arrivé à la fortune non pas dans un sentiment d'égoïsme personnel, mais avec l'ambition hénéreuse de la partager avec ceux qui, moins geureux que lui, sentent trop souvent la douleur et la misère peser sur eux.

Et bien, ce bon citoyen, cet excellent père de famille, ce soldat de la fraternité, qui pratique si bien les maximes de l'Évangile,— malgré ses honorables antécédents, malgré sa conduite sans tache, malgré la sollicitude avec laquelle il veille sur l'existence d'une nombreuse et respectable famille, qui fait l'enchantement de ses heures recueillies; malgré son caractère chevaleresque, reconnu ici et là par tous ceux qui le fréquentent et le connaissent, c'est lui qui vient d'être signalé comme une des épaves de cette existence de corruption et de licence dont nous parlions au commencement!

Séparé aujourd'hui de la compagne de ses jours, qu'il sut entourer de félicité, d'infâmes exploiteurs qui le savent riche, ont prétendu l'accuser d'être un homme accessible à certaines corruptions, — insultant ainsi un père de famille, jaloux de l'honneur de son nom!

De là ce premier article du *Figaro* et les perfides allusions au crime de la rue de Suresnes.

Par ces manœuvres, — dont nous avons les preuves, — on cherchait à l'exploiter, en prétendant le forcer à racheter sa tranquillité, par un sacrifice devant lequel ne reculerait pas un coupable, mais que l'innocent ne peut accepter, car sa conscience ne lui reproche rien.

C'est pour cela que M. Calderon, qui avait pleine confiance dans les tribunaux français, bien qu'il fût cruel pour lui d'avoir à s'y présenter, accepta franchement et noblement ce chemin, en répondant à l'appel et à la citation qu'on lui faisait.

Par une série de circonstances faciles à saisir pour celui qui devine le monde d'expédients extraordinaires, d'agitation et d'intrigue, qui s'acharnait sur lui, tout contribuait à faire de cette cause un bruyant scandale.

D'abord la presse, plus légère que juste, l'avait appelé, dans le premier moment, « le pendant de la rue de Suresnes. »

Ensuite il s'agissait d'un homme qui, par sa position sociale, par ses relations et par sa grande fortune est connu de tout Paris.
De là cette sensation produite à la simple annonce du jugement.

Par ce sentiment d'américanisme facile à comprendre, qui fait des fils de l'Amérique en Europe une seule famille, nous étions, comme tous, et peut-être plus que bien d'autres, impatients que le jour du jugement arrivât.

Absent de Paris, nous sommes venu tout exprès pour assister à ces débats. Nous avons été l'un des témoins qui ont déposé en faveur de notre compatriote, lâchement calomnié ; nous pouvons donc parler en toute connaissance de cause, et c'est avec une profonde satisfaction que nous consignons ici les incidents de cette journée dans laquelle s'est montré, dans tout son éclat, le prestige de la justice française.

Nous avons vu confondre la calomnie, nous avons vu les armes des intrigants se retourner contre eux, nous avons entendu enfin proclamer l'innocence d'un honorable père de famille qui cherche, dans la douceur des affections intimes, la paix et la consolation de ses dernières années.

Il était une heure après midi quand M. Calderon et son avocat se sont présentés dans la salle de la *neuvième Chambre*, au Palais-de-Justice.

La physionomie de notre ami réflétait les pénibles émotions qui agitaient son esprit, et l'on sentait que cet honnête homme se demandait, avec stupeur, par quelles machinations il se trouvait amené là.

En même temps comparaissaient les complices et les instruments de l'exploitation organisée contre lui, quelques femmes perdues, qui se sont fait du vice une parure. Et c'est leur effronterie qui ose déclarer *qu'un homme qui ne les a jamais vues* a flétri la fleur de leur innocence ! ! !

Mais toutes n'avaient pas la même audace de cynisme et de perversité. Deux seulement de ces malheureuses ont eu le courage de répéter la leçon que leur avait apprise la maîtresse de l'entreprise montée contre la bourse de M. Calderon. Les autres, au contraire, ont rendu justice au caractère généreux de notre compatriote, de qui elles ont reçu attentions et services dans des moments difficiles.

Toutes ces personnes, au nombre de douze ou quatorze, ayant été entendues, on appela les honorables témoins qui, en quelques paroles brèves et énergiques ont pu faire connaître au tribunal « *qui est Andrès Alvarez Calderon* et quelle indignation leur causait l'accusation inqualifiable portée contre lui »

Deux célèbres avocats, des premiers, sinon les premiers du barreau français, Mes Allou et Lachaud allaient prendre part aux débats, en leur donnant un nouvel intérêt.

L'audience avait été suspendue quelques instants, par suite d'une indisposition subite de M. Calderon, dont toute la force de caractère bien connue n'avait pu cependant supporter la douleur de cet affront.

A la reprise, M. l'avocat de la République prit la parole et s'exprima en termes sévères contre les deux créatures qui faisaient un si abominable métier, sans laisser pourtant de prendre acte contre M. Calderon de leurs déclarations, mais en rendant le plus complet hommage à son caractère et à ses antécédents, et s'en rapportant pour conclure à la décision du tribunal.

Alors se leva Me Lachaud, défenseur de l'une des malheureuses que la justice accusait de trafiquer de l'innocence et de la vertu de jeunes filles inexpérimentées qu'elle poussait dans la fange.

On connaît l'éloquence incomparable de l'illustre orateur. Sa verve généreuse ne borna pas son ardente plaidoirie à défendre sa cliente. Indigné, comme tout le monde, de l'intrigue qui constituait le fond de cette cause, à laquelle il refuse d'accorder aucune portée sérieuse, il prend en passant la défense de M. Calderon, et son éloquence justifie spontanément cet honnête homme, — qu'il ne connaît pas particulièrement, — de l'infâme imputation qu'il a subie.

Ce discours, prononcé avec cette véhémence et cet accent de conviction que seules inspirent la vérité et la justice a produit, sur tous les auditeurs, une profonde impression.

Enfin vient à son tour l'avocat de M. Calderon. C'était, comme nous l'avons dit, le célèbre Me Allou. Tous les Américains présents le voient se lever avec une sympathique confiance.

Habitué à l'usage de la parole et ayant eu la faveur d'écouter avec respect les premiers orateurs du monde, nous pouvons dire que rarement nous avons entendu un discours plus remarquable que celui qu'a prononcé Me Allou pour défendre notre compatriote.

Aussi, après sa conclusion, connaissant l'honorabilité et la conscience des juges, nous avons compris que notre ami allait être acquitté, et que la sentence du tribunal, sauvant son honneur et son repos, et aussi celui de sa famille, du piége qui lui avait été tendu, allait lui rendre enfin le calme et la paix troublée

« M. Calderon, a dit l'éminent avocat, au milieu de ses angoisses douloureuses, doit s'estimer heureux en se voyant assis dans ce tribunal, parce que cela lui fera comprendre combien la vertu de l'égalité devant la loi est puissante dans notre patrie.

» M. Calderón occupe une des plus hautes situations qu'il soit possible de tenir ; il est un des premiers citoyens de son pays natal et des plus connus en Amérique ; diplomate distingué, il a mérité des souverains de l'Europe les distinctions les plus flatteuses et reçu le grand cordon de leurs ordres ; ses relations l'unissent aux personnes les plus éminentes de ces pays, et il jouit d'une immense fortune, — et pourtant, M. le président, il vient s'asseoir sur ces bancs avec la même humilité que le dernier des malheureux, et qui plus est il y vient sans avoir sollicité ni admis la protection de personne, parce qu'il sait que son innocence ne peut avoir meilleure protection, défenseur plus sacré que la justice du tribunal devant lequel il comparaît.

» Ce procédé si simple et si digne suffirait pour faire partager aux honorables juges la conscience que mon client a de son innocence. Je veux pourtant vous faire savoir qui est Andrès Calderon, quels sont ses antécédents, et vous faire connaître cette vie consacrée au travail, à toutes les grandes actions qui ennoblissent l'homme, aux joies du foyer et de la famille, et à la pratique de la charité. »

En disant ces paroles, Me Allou est entré loyalement dans la vie privée de son client, pour montrer comment sa conduite a servi de modèle à une famille où l'on respire l'honnêteté et la vertu.

Il a su faire connaître l'homme, le citoyen, le fonctionnaire public, le soldat de la charité, l'ami, celui qu'il appelle le *Richard Wallace* du Pérou. Il a révélé tels faits, telles actions de la vie de M. Calderon, qui ont causé l'étonnement et la profonde admiration de tous ceux qui suivaient, entrainés par l'émotion, la parole enflammée de l'avocat français.

Et, à la vérité, comment un étranger n'aurait-il pas été touché de cette suite de bienfaits, d'actes nobles et généreux, puisque nous, Américains, qui croyions connaître Calderon, nous ne pouvions sans une émotion nouvelle, comprendre jusqu'à quel point notre compatriote a mérité le respect et la sympathie, non-seulement des siens, mais, dans la grande famille humaine, de tous ceux qui réservant leur mépris pour les égoïstes et les parasites sans cœur, ne savent qu'admirer et bénir ceux qui pratiquent les préceptes de la charité évangélique, que le martyr du Golgotha a glorifiée par sa mort?

La surprise et l'admiration des auditeurs grandissait à chaque instant.

Un tremblement de terre a naguère plongé dans le deuil une grande partie de la famille péruvienne. Il y avait là des douleurs à adoucir, des larmes à essuyer.

Calderon n'hésita pas un instant, il ouvrit sa bourse, il s'inscrivit pour un million dans la souscription en faveur des victimes de l'épouvantable catastrophe!

Un acte de si grandiose charité lui valut la sympathique reconnaissance de tout le pays ; le nom de ce bienfaiteur est resté dans le cœur des populations où le tremblement de terre avait semé les ruines et la misère.

Le Congrès chargea une commission nommée dans son sein, de remercier M. Calderon, de ce grand acte de patriotisme et de charité.

Il y a cent autres faits du même genre à son honneur.

Croit-on que ce soit là tout, et que ce philanthrope ait réservé sa charité pour son pays natal?

Non. Il a compris que la charité n'a pas de patrie, et, en arrivant dans la vieille Europe, qui ne connaît guère les « Fils du Soleil, » comme les appelle Victor Hugo, il a senti la nécessité de faire le bien, de continuer sa mission consolatrice, et de mêler son nom à toutes les œuvres de bienfaisance.

Les Italiens, qu'il a secourus et consolés lui ont témoigné leur gratitude en lui envoyant une adresse de remercîments et un album couvert de milliers de signatures

En Italie, comme en France, la bourse de Caldéron a été ouverte à toutes les infortunes.

« Demandez aux sœurs de charité, s'écrie avec enthousiasme M⁰ Allou, demandez aux prêtres, aux hospices, aux églises, demandez-leur qui est M. Caldéron, et partout vous entendrez un chœur de bénédictions s'élever vers lui et vers ses fils, qu'il chargeait de distribuer ses aumônes.

» Il y a quelque chose qui nous touche de plus près encore, nous Français, — continue l'avocat, — c'est la conduite de cet homme pendant les jours d'épreuve que la Providence avait réservés à notre patrie.

» Notre frère, par l'intelligence et par le cœur, il n'y a pas une des listes de souscription ouvertes en ces moments tragiques, aussi bien en France qu'à Bruxelles, où son nom ne figure en première ligne. Et les chiffres de sa générosité sont tels que je n'ose les citer ici, dans la crainte d'être soupçonné de vouloir conquérir des sympathies que mérite la simple façon dont mon client attend les conséquences de ce jugement. »

M⁰ Allou continue en étudiant longuement la personnalité de M. Caldéron, ses antécédents, les services qu'il a rendus à sa patrie et il poursuit cette énumération biographique en s'appuyant sur quantité de documents, de lettres et d'articles de journaux qu'il tient à la main et met à la disposition du tribunal.

Il faut ici faire une parenthèse et dire l'impression générale de sympathie produite dès lors en faveur de l'inculpé parmi les nombreux avocats présents à l'audience.

Nous arrivons à la seconde partie de l'admirable discours de Me Allou.

S'éloignant de ce qu'on pourrait appeler le terrain du sentiment, et laissant de côté la personnalité de Calderon, il aborde en face la question, c'est-à-dire qu'il descend à l'examen des faits sur lesquels l'accusation prétend se fonder, il pèse la valeur juridique de la responsabilité que l'inculpé pourrait encourir devant la loi, en supposant motivées les imputations qu'on dresse contre lui.

Si l'orateur s'était surpassé dans la première partie, l'avocat n'a pas été moins admirable dans la seconde.

Convaincu de la complète innocence de son client, connaissant tous les mystérieux détails de l'intrigue ourdie, il remonte à l'origine de la cause; il examine à fond toutes les déclarations des malheureuses filles qui figurent dans l'affaire, et s'appuyant sur ces déclarations mêmes, ainsi que sur les faits dénoncés, en même temps que sur le texte exprès de la loi, il réussit facilement à prouver qu'il n'y avait eu là qu'une insigne calomnie, un essai de chantage, une exploitation honteuse, et qu'aucun tribunal, composé comme celui-là, d'honnêtes gens et de juges intègres, ne pouvait manquer d'absoudre M. Calderon.

L'impression causée par l'excellente et brillante plaidoirie de l'avocat Allou fut immense sur tous ceux qui l'avaient écoutée, non moins que sur les membres du tribunal dont l'attention et l'intérêt ne s'étaient pas démentis.

Enfin arrivait le moment suprême. La défense était terminée, le président déclara l'audience suspendue pour délibérer et rédiger la sentence.

En ce moment, un grand nombre des personnes présentes, dont la plupart ne connaissaient pourtant pas M. Calderon, se sont approchées de lui pour le féliciter sincèrement. Personne ne doutait plus que la décision de la justice allait hautement réparer l'affront qu'on avait voulu lui faire subir.

Notre conviction personnelle à ce sujet n'était pas douteuse. Connaissant l'impartialité des tribunaux français et l'origine infâme de l'accusation, nous pouvions affirmer autour de nous, avant même de connaître la sentence, qu'elle viendrait absoudre complétement M. Calderon.

Heureusement, nous ne pouvions nous tromper.

Après trois quarts d'heure de délibération, les juges revinrent à leurs sièges, et le président, après avoir lu les considérants du jugement, déclara COMPLÉTEMENT ABSOUS D. ANDRES ALVAREZ CALDERON, en le déchargeant de tous frais de la poursuite.

Ce qui jamais ne se produit dans un tribunal français se produisit en ce moment : une salve d'applaudissements accueillit cette sentence!

Il est une remarque utile à faire, parce qu'elle fait ressortir toute l'importance de cet hommage spontané ; c'est que la séance était secrète, et par conséquent le public restreint et choisi, les applaudissements partaient donc de personnes qui ne connaissaient pas particulièrement M. Calderon, lequel a pu, par cette manifestation, apprécier combien étaient grands et sincères l'intérêt et la sympathie que tous lui témoignaient, comme il avait déjà pu le sentir au moment où, près de s'évanouir, ainsi que nous l'avons raconté plus haut, il recueillit tant d'offres de service empressées.

Cette attitude était, il est vrai, toute naturelle envers M. Calderon, car, au lieu de se présenter devant le tribunal avec ses croix et ses distinctions, et entouré des influences toutes puissantes dont il pouvait disposer, — puisque le roi d'Italie lui-même avait voulu s'intéresser à sa cause, — il y était venu humblement, sans autre appui que son innocence.

Comme Américains, nous le félicitons hautement de la dignité de sa conduite, et nous le félicitons aussi du magnifique triomphe qu'il a obtenu, en méritant de la justice française une réparation si éclatante.

Par bonheur pour lui, il n'y a pas eu une seule personne, une seule, qui ait douté du résultat du jugement ; mais puisqu'il a eu tant à souffrir dans cette triste affaire, puisque, pendant quelques jours, son esprit a été tourmenté par ces attaques infâmes, il est juste que tous les détails en soient connus de tous et qu'on sache de qu'elle façon victorieuse il s'en est tiré *en bon et honorable Américain.*

Pour nous, nous n'avons qu'un mot à dire pour conclure : — Le jugement que cette intrigue a valu à notre compatriote n'a servi qu'à le réhausser davantage aux yeux de tous ceux qui toujours l'ont considéré comme un ardent patriote, un citoyen sans reproche, un ami loyal, un père de famille exemplaire, un de ces hommes enfin qui placent leur bonheur dans le bonheur des autres.

HECTOR-F. VARELA

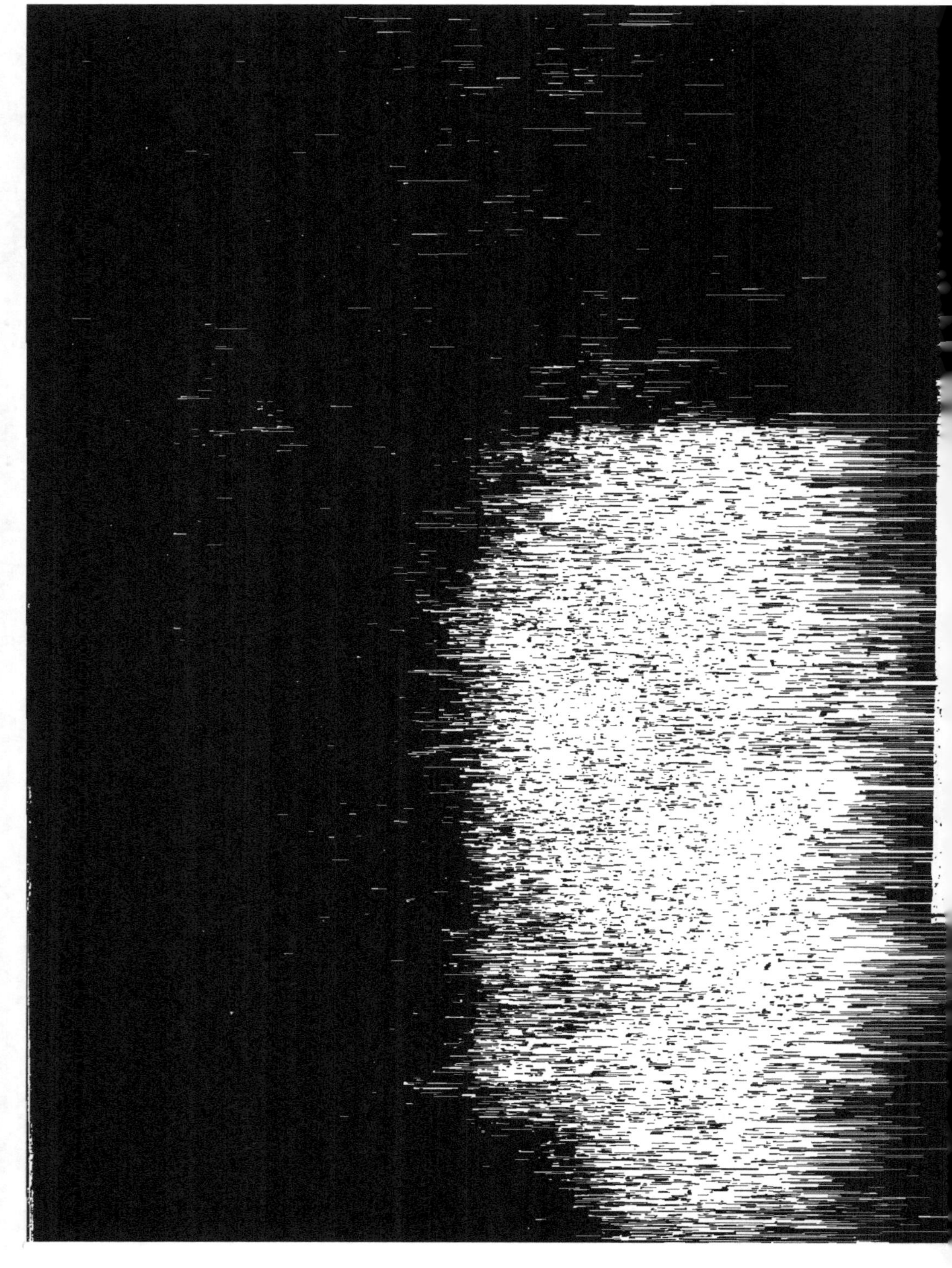